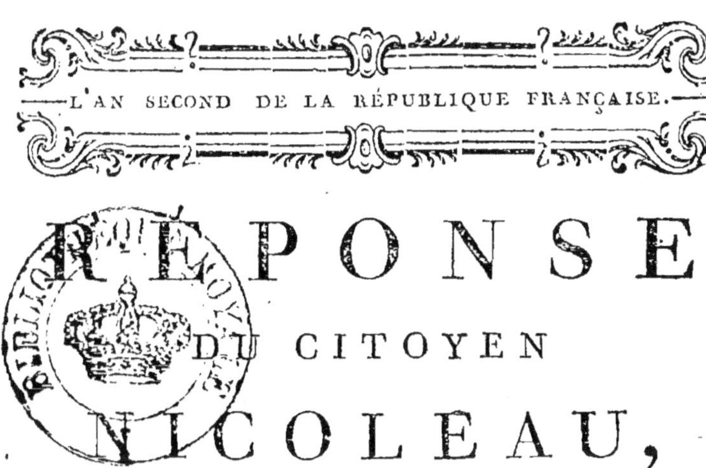

RÉPONSE
DU CITOYEN
NICOLEAU,

A toutes les inculpations énoncées dans les nombreux Considérans *de l'Arrêté de la Section du Bonnet-Rouge, du 3 octobre 1793, vieux style.* (*).

JE crois devoir observer d'abord que, si les fausses accusations que je vais refuter avaient eu quelque espèce de fondement, ou même de vraisemblance, on ne les aurait pas oubliées et omises au moins dans la seconde rédaction du premier Arrêté, en date du 6 septembre. Je refuterai toutes celles qui m'ont été intentées, sans en omettre une seule. Je regrette sincèrement qu'elles n'aient pu entrer toutes, sans exception,

----

(*) Le Comité de Sûreté Générale a cru, pour abréger, ne devoir présenter à la Convention nationale, qu'une partie de ces inculpations. J'ai lieu de regretter qu'il n'ait pu m'entendre, avant de faire le rapport inséré au bulletin de la Séance du 9 Ventose. Je ne puis pas douter qu'on n'ait intercepté quelques unes de mes pièces justificatives.

A

dans le rapport fait le 9 ventose à la Convention nationale par son Comité de Sûreté générale. Leur rapprochement et leur ensemble auraient donné la facilité de les comparer, de les apprécier, et de juger par là des intentions et des motifs de mes accusateurs.

Le préambule de l'Arrêté du 3 octobre porte que j'ai été entendu dans mes défenses. C'est une fausse assertion. Je n'ai eu connaissance de ces calomnies atroces, qu'après qu'elles ont été placardées sur tous les murs.

Dans cet énorme placard je suis accusé :

1°. *D'avoir montré constamment depuis le 10 août 1792, des principes éloignés de la Révolution qui a établi la République...* Bravo ! voilà certes de quoi tuer son adversaire du premier coup.

Je réponds en démontrant tout le contraire de la manière la plus évidente. La troisième page de mes réflexions critiques sur la Constitution décrétée en 1789, 90 et 91, commence ainsi : « l'abolition indispensable de « la royauté, entraînera la chûte de l'édifice « entier de la première Constitution Fran- « çaise. La seconde sera sans doute meilleure « et plus durable. Elle doit avoir pour bâses « les principes sacrés de la Liberté, de « l'Égalité, de la Souveraineté indivisible et « incommunicable du Peuple.

Je demande à mes calomniateurs si c'est là du *royalisme*, ou du plus pur *Républicanisme?* Eh bien ! ces *réflexions critiques* furent imprimées et distribuées quelques tems après le 10 août 1792, Dans le cours de l'hyver suivant, Martincourt, citoyen de ma Section, proposa, et l'Assemblée générale arrêta de les faire réimprimer. Je demandai à lui en épargner les frais. Quelques jours après j'en fournis trois cent copies pour être distribuées aux citoyens qui n'avaient point participé à la première distribution, . . . Il est donc faux que j'aye montré constamment des principes anti-Républicains depuis le 10 août 1792. Mes réflexions critiques furent distribuées en partie dans la salle des Jacobins, où le corps Électoral procédait à la nomination des Députés à la Convention nationale. Il est donc vrai que j'étais Républicain avant l'établissement de la République; je l'étais assurément le 17 juillet 1791, époque du massacre du Champs-de-Mars; car des témoins dignes de foi attesteront que je bravai avec eux, sur l'Autel de la Patrie les satellites de Bailly et Lafayette.

La première accusation tombe d'elle-même. Elle doit inspirer bien de la défiance sur toutes les autres.

2°. *De m'être montré l'apologiste de Rolland.*

Je ne sais pas dissimuler : j'avoue franchement, que de tous les fourbes qui ont trahit la confiance publique, Roland est le seul qui m'en ait imposé quelquel tems par la lettre hardie et vigoureuse qu'il écrivit à Louis le traître, mais je certifie que je ne l'ai point fréquenté; que j'ai changé d'opinion à son égard dès qu'il m'a paru suspect; qu'il est impossible que j'aye été l'apologiste des écrits pernicieux qu'il faisait circuler dans les départemens : je déclare même que jamais je n'ai lu ni entendu lire un seul de ces funestes écrits : je donne le défi de prouver le contraire,

3°. *D'avoir dit publiquement que le corps Électoral s'était deshonoré par la nomination du Patriote Marat.*

Eh pourquoi ne me fit-on pas ce reproche, lorsque le corps électoral me porta à la place d'administrateur du Département vers la fin de l'hiver 1793 (*vieux stile*) ? pourquoi n'a-t-on pas cité les témoins et les circonstances ? il y a bien de la malignité et de la perfidie dans cette fausse allégation, imaginée si tard et dans un tems où le patriote Marat a mis le dernier sceau à sa gloire, en devenant le martyr de la liberté, après avoir été le modèle des vrais Républicains !

4°. *D'avoir défendu audacieusement un Arrêté du Département siégeant à Quimper, dans lequel on menaçait les Parisiens d'une armée Départementaire.*

L'auteur de cette inculpation a manqué de mémoire ou de bonne foi. Je certifie, sans craindre d'être démenti par un seul citoyen honnête, que j'improuvai très-formellement dans notre assemblée de Section le susdit arrêté. Eh ! comment aurais-je pu le *défendre* audacieusement, puisque je le regardais comme un attentat contre la souveraineté Nationale, et que dans une séance de l'administration provisoire du Département de Paris, dont j'étais Membre, je manifestai une opinion tout à fait opposée à celle que l'on me prête ? je puis en appeller au témoignage

(5)

de ceux de mes collègues avec lesquels j'allai témoigner à l'Assemblée Nationale l'indignation profonde que nous avait inspiré la lecture de cet arrêté.

5°. *De m'être fait le défenseur de l'appel au Peuple, lors du jugement du tyran.*

6°. *Et de ce que, s'agissant dans les Assemblées de la Section de signer la mort du tyran, et de mettre ce vœu à la Convention, comme partie du Souverain, je me suis montré contraire à cette mesure.*

Je demande s'il n'est pas un peu contradictoire de dire que j'ai approuvé, défendu le parti de l'appel au peuple ; et qu'en même tems je me suis opposé à ce que le peuple signât la mort du tyran, *comme partie du souverain?* mais qu'importe la justesse, l'exatitude, pourvû qu'on multiplie les chefs d'accusation ? il me semble que mes calomniateurs qui ont exigé en effet que le peuple dans quelques assemblées de notre Section, signât la mort du tyran, *comme partie du souverain,* secondaient de leur mieux les intentions des appellans de la plaine qui voulaient aussi que le peuple signât la mort du tyran. Voilà comme l'imposture et l'iniquité se trahissent elles mêmes !

La vérité est que je n'ai jamais discuté sur l'appel au peuple ; et qu'il n'en a jamais été question devant moi dans les assemblées de ma Section.

On voit bien que mes calomniateurs ont voulu dire que je m'intéressais à la conservation du tiran. Quoiqu'ils se rapellent sans doute ce petit discours que j'adressai à

A 3

l'assemblée de notre Section , pour manifester mon opinion individuelle : Citoyens , leur dis-je , vous savez ce que fit Moyse , lorsque descendu de la montagne , il vit les Israélites prostesnés devant un veau d'or. Ce sage et profond Législateur ne se contenta pas de faire renfermer l'idole dans un temple où dans une tour , exposée aux regards de ce peuple idolâtre par habitude : il la fit disparaître pour toujours ; et l'idolatrie finit avec l'idole. Quel exemple pour nos Législateurs !

7°. *D'avoir professé des opinions contraires à l'insurrection du 31 mai , lors même de cette insurrection.*

Le lecteur attentif et impartial ne manquera pas d'observer que mes calomniateurs ont eu grand soin de se rappeller toutes les époques, tous les événemens remarquables , pour y puiser quelque moyen de m'inculper. Quand on impute à quelqu'un des opinions blamables ou des propos indisctets , on devroit , ce me semble, citer des témoins dignes de foi, et fournir les preuves convaincantes de ce qu'on avance. . . . . . pour toute réponse à cette dernière imputation , j'offre de prouver qu'à l'époque mémorable dont il s'agit , je fus tres-indisposé , et que j'envoyai le 4 ou 5 juin au Conseil-général du Département ma démission de la Présidence pour cause de maladie.

8°. *De m'être porté le défenseur officieux de la Citoyenne Kerrohent ci-devant marquise , mise en arrestation comme personne suspecte ; de m'être donné tous les mouvemens pour obtenir la sortie parti-*

culière de cette Citoyenne ; et de n'avoir blâmé la conduite du Comité, que relativement à la Citoyenne Kerrohent, et non relativement aux arrestations en général.

Je réponds 1°. que je ne pouvais reconnaître l'existence et l'autorité d'un Comité fortuit, illégal et arbitraire, formé clandestinement, au mépris de la loi du 21 mars 1793 (*vieux stile*) ; et contre le droit sacré et imprescriptible qu'ont également tous les Citoyens de concourir à la nomination de leurs mandataires ou de leurs agens, conformément à l'article 29 de l'immortelle Déclaration des Droits de l'Homme et du Citoyen. Cependant, de l'aveu même de mes accusateurs, j'approuvais les arrestations en général, quoique faites par ce Comité, le seul de tous les Comités révolutionnaires de Paris, qui eut été formé sécrétement, arbitrairement, sans convocation, sans nomination, et à l'insçu de tous les citoyens qui avaient pourtant le droit incontestable de participer à sa formation ; à moins qu'on ne regarde la Déclaration des Droits, la Constitution, la Liberté, l'Égalité et la Souveraineté du peuple comme des mots vuides de sens.

Il résulte de l'aveu même de mes accusateurs, que j'aime toutes les mesures de sûreté générale et de salut public. Je m'étonne que cet aveu leur ait échapé.

Je réponds 2°. que je n'avais jamais parlé à la citoyenne Kerrohent ; que je ne prenais pas plus d'intérêt à elle personnellement, qu'à beaucoup d'autres ci-devant Marquises ou Comtesses également détenues, et aux-

A 4

quelles mes accusateurs conviennent que je ne m'intéressai nullement.

La citoyenne Kerrhoent était dans l'usage de nourrir, d'habiller et de chauffer tous les hivers un très-grand nombre de pauvres. Quelques-uns d'entr'eux vinrent me prier, les larmes aux yeux, de m'informer des motifs de son arrestation. Malheur à celui qui n'est pas sensible aux pleurs de l'indigence ! la démarche que je fis auprès du Comité, se borna à demander les motifs de la détention de cette citoyenne. On a pourtant dit que *je m'étais donné tous les mouvemens pour obtenir sa sortie particulière.* Des citoyens dignes de foi, alors présens dans la salle de ce Comité, attesteront que je ne demandai point la sortie de ladite citoyenne ; mais seulement les motifs de son arrestation.

Au reste cette Citoyenne veuve et sans enfans fut remise en liberté peu de jours après, sans que je m'en mêlasse. On reconnut donc qu'elle n'était pas suspecte.

9°. *De ce que des mouvemens contre-révolutionnaires s'étant manifestés dans l'Assemblée après la petite Fête-Dieu ; et les Patriotes se trouvant opprimés, tant par ceux qui avaient été mis en arrestation, que par leurs agens ; loin de me porter le défenseur des Patriotes ; loin même de rester neutre entr'eux et les contre-révolutionnaires, je me suis rangé du parti de ceux-ci ; et j'ai concouru à la nomination d'une Commission de vingt-quatre Membres, dirigée contre les Patriotes et leurs opérations ; et*

(9)

enfin de ce que j'ai assisté a la plupart des conciliabules de cette Commission.

Tout le monde sait qu'à l'époque de la Fête-Dieu 1793 (style barbare), la raison n'osait encore espérer tous les succès, tous les triomphes qu'elle a obtenus depuis le jour de l'octave de cette Fête, la procession de saint-Sulpice passant devant le principal corps-de-garde, le Commandant de ce poste voulut se conformer à l'usage non encore aboli. Le jeune Lebrun, alors Adjudant de la Section armée accourut et menaça le Commandant et les citoyens soldats de les désarmer etc, s'ils faisaient semblant de vouloir se présenter sous les armes, lorsque le dais passerait ; et il se tint assis à l'entrée du corps-de-garde, le chapeau sur la tête. Le prêtre qui portait l'ostensoir lui fit signe de se découvrir. *Passe ton chemin j. f.* répondit le jeune adjudant ; *fais ton métier et laisse moi tranquille.* Cette scene trop prématurée fit beaucoup de bruit dans la Section du Bonnet-Rouge. Le lendemain, je crois, ou le surlendemain, cet Adjudant, l'un des Membres du susdit Comité Révolutionnaire, fut destitué dans une Assemblée générale très nombreuse à laquelle je n'assistai pas. Voilà ce que mes accusateurs ont appellé mouvemens contre-révolutionnaires : car il faut bien que tout ce qui les contrarie soit nécessairement contre-révolutionnaire ; et que le titre de Patriote, soit réservé exclusivement pour eux et pour leurs amis.

Dans une autre séance où je me trouvai,

l'assemblée générale nomma une Commission de vingt-quatre Membres, non pour être dirigée, comme on l'a dit très faussement, contre *ces Patriotes et leurs opérations ;* mais pour examiner en général les comptes et la conduite de tous les Comités, civil, militaire et autres ; ainsi que de tous les fonctionnaires publics nommés par la Section : et cela est si vrai que le premier rapport de cette Commission fut ralatif au seul Comité militaire.

C'est à cause de la destitution de l'Adjudant et de la nomination de ce Comité Censorial composé de vingt-quatre Membres, que *nos Patriotes par excellence* se sont permis de dire que des mouvemens contre-révolutionnaires et une espèce de désordre s'étaient manifestés dans ma Section après la petite Fête-Dieu : et, comme de raison, ils me les ont attribués. J'espère néanmoins qu'ils ne disconviendront pas que je refusai d'être un des vingt-quatre Membres du Comité Censorial ; et que j'invitai l'Assemblée générale à ne nommer aucun des citoyens qui avaient été précédemment en arrestation, ni aucun autre qui pût avoir des offenses personnelles à venger : je ne connais pas le plaisir de la vengeance.

Mes *véridiques* accusateurs assurent (he ! que n'assurent-ils pas !) que *j'ai assisté à la plupart des conciliabules du susdit Comité Censorial.* Tous les Membres qui le composaient attesteront que je n'y ai pas même assisté une seule fois. Quelle impudeur ! Quelle rage de calomnier !

10°. *De ne m'être pas opposé à la lec-*
ture d'un Arrêté fédéralistique de la Sec-
tion de Molière et Lafontaine , quoique je
dusse m'opposer à tout ce qui portait atteinte
à l'Uunité de la République.

Il suivrait de cette inculpation perfide et maligne, que je suis partisant du fédéralisme. Pour en démontrer la fausseté et même l'invraisemblance, j'offre de prouver que ma subsisiance, mon absolu nécessaire et celui de ma femme dépendent de rentes viagères sur l'état. Mais si la République pouvait cesser d'être une et indivisible ; si jamais elle se divisait en plusieurs petites Républiques fédératives ; laquelle de ces nouvelles Républiques se croirait obligée de continuer le payement de ces rentes ? Assurément elles n'y seraient pas plus tenues l'une que l'autre. Chacune d'elles aurait le même droit de rejetter toute demande à cet égard. Donc il est impossible qu'à moins d'être en démence, j'aye approuvé des coalitions et des arrêtés fédéralistiques : car encore une fois, il faudrait être plus que fou, pour desirer de mourir de faim.

Voici dans la plus exacte vérité ce qui a fourni occasion d'imaginer cette inculpation abominable.

Deux citoyens de la Section de Molière et Lafontaine s'étant présentés à notre Assemblée générale pour lui communiquer un arrêté de ladite Section, et l'un d'eux ayant à peine commencé de lire le préambule, un Membre de notre Section, instruit sans doute de l'objet et des dispositions du susdit Arrêté dont je certifie que je n'avais nulle connaissance, interrompit brusquement le lecteur. Notre Assemblée générale qui ne voulait pas juger sans connaissance de cause fut d'avis d'entendre la lecture de l'Arrêté en entier. Il fut lue et improuvé tout aussitôt à l'unanimité. Fallait-il donc donner lieu, par une espèce de mystère, aux perfides interprétations de quelque malveillant?

11°. *De ne m'être point opposé dans notre Assemblée à l'adoption d'un Arrêté portant qu'il ne serait reçu aucune députation composée de plus de quatre Membres.*

L'arrêté dont il s'agit fut pris par une autre Section qui craignait que si les Assemblées générales des citoyens se transportaient en masse les unes chez les autres, il n'en résultât des scènes sanglantes, une guerre intestine, un commencement de guerre civile, il fut communiqué à notre Assemblée générale qui y adhérât. Je proteste que je ne dis pas un mot ni pour ni contre : et cependant on veut que je sois responsable de cette adhésion qu'on regarde sans doute comme *contre-révolutionnaire.* Tant d'affectation, d'injustice et d'acharnement doit pénétrer d'indignation et d'horreur tout citoyen honnête et impartial.

12°. *De ne m'être nullement opposé à un arrêté par lequel l'Assemblée générale accordait un certificat de résidence à Larochedumaine ; de n'en avoir pas demandé l'ajournement (notez qu'il avait été ajourné trois fois depuis plus d'un mois); de l'avoir au contraire appuyé, en disant que la Loi punirait les certifians, s'ils faisaient de fausses déclarations ; et d'avoir mieux aimé punir que prévenir le mal.*

Me voilà donc encore responsable des Arrêtés pris par notre Assemblée générale ? pourquoi non ? trop heureux qu'on ne me demande pas compte de tous ceux qui n'ont pas été pris ?

Larochedumaine que je ne connaissais nullement, à qui je n'avais jamais parlé (et je défie qu'on prouve le contraire), ne demandait qu'un certificat de résidence de deux mois ou environ dans notre Section. J'ignorais d'abord qu'un de nos concitoyens le soupçonnat d'émigration. L'assemblée générale reconnaissait les neuf certifians pour de bons Patriotes très-dignes de foi. D'ailleurs ce certificat de résidence d'environ deux mois devait être visé et vérifié par la Municipalité et le directoire du Département ; et il ne pouvait être d'aucune utilité à Larochedumaine, qu'autant qu'il justifierait d'une résidence non interrompue sur le territoire de la République depuis le 8 mai 1792. Au reste, le Citoyen Mayet qui réclama seul contre la délivrance de ce certificat, ne disconviendra pas que je l'invitai à aller faire sa déclaration, ou communiquer ses soupçons sur Larochedumaine à la Municipalité et au directoire du Département.

13°. *De n'avoir pas craint de porter atteinte à la Loi sur les certificats de résidence, en disant que le Citoyen Jumilkac sommé par le Comité révolutionnaire de fournir quatre volontaires en remplacement de ses deux fils réputés émigrés, ne pouvait être tenu qu'à rapporter des certificats de non émigration de ses deux fils, sans justifier de leur certificat de résidence.*

Je ne crois pas qu'aucun citoyen de bonne foi puisse me soupçonner d'avoir jamais eu l'intention de porter atteinte à aucune Loi. J'avoue franchement que je suis loin de les posséder toutes ; et que ma mémoire très affaiblie par mon âge et mes infirmités habituelles, peut m'avoir trompé. Le Citoyen Jumilkac dont la résidence non interrompue était bien constatée, avait néanmoins besoin d'un certificat à deux témoins : il en produisait un de non émigration. Il représentait combien l'envoi de son certificat à deux témoins était urgent pour empêcher le sequestre de ses biens dans le Département de la Dordogne. Le Comité, sans avoir égard à l'urgence de sa demande, exigeait qu'il produisit avant tout les certificats de résidence de ses deux fils majeurs, ou qu'il fournit aussitôt en remplacement quatre volontaires habillés et équipés. Jumilkac observait que ses fils étaient majeurs et ne vivaient point avec lui ; qu'au reste il lui serait aisé de prouver sous peu de tems qu'il ne pouvaient être réputés (*) émigrés : et que s'il ne le faisait pas, les Municipalités et les directoires des Districts où ses biens sont situés, ne manqueraient pas de faire exécuter la Loi à cet égard. Je crus

____

(*) Il a été prouvé qu'ils n'avoient point émigré.

pouvoir appuyer l'observation du Citoyen Jumilkac, d'autant plus que j'étais certain qu'il n'en pouvait résulter aucun préjudice pour la République. Si je me suis trompé dans cette occasion, pour n'avoir pas eu la Loi assez présente à l'esprit, mon erreur est d'autant plus excusable, qu'elle ne pouvait être nuisible.

14° *D'avoir, lors de l'acceptation de la Constitution, montré une persévérance opiniâtre pour qu'on la discutât article par article; quelques raisons qu'on me donnât pour me faire sentir l'avantage qui résulterait pour la République, d'une décision prompte sur un objet aussi grave, aussi important.*

Il me semble qu'une décision devrait être au contraire d'autant plus lente, plus réfléchie et mieux motivée, que son objet est plus grave et plus important : et comme il n'est point d'objet plus intéressant pour un grand Peuple, que la Constitution d'où dépendent son bonheur, sa prospérité et sa durée, je ne pense pas qu'on pût faire un crime à un citoyen de demander qu'elle fut examinée et discutée, afin de rendre l'acceptation plus pleine, plus unanime, plus solemnelle et plus imposante.

Eh bien ! pour achever de confondre le mensonge et l'imposture, j'offre de prouver que lors de *l'acceptation de notre constitution* Républicaine, je ne dis pas un seul mot tendant à la faire discuter en aucune manière : j'en atteste tous les bons citoyens qui assistèrent à notre Assemblée primaire. La Constitution fut lue deux fois tres-posément : l'acceptation fut unanime, et pour ne laisser aucun doute à cet égard, l'Assemblée étant fort nombreuse, je proposai au Président (Citoyen Pleuty) d'énoncer ainsi *l'inverse : que ceux qui n'acceptent pas la Constitution, se présentent pour signer leur opposition.* Personne ne se présenta ; et l'unanimité fut constatée de la manière la plus certaine et la plus évidente.

(15°.) *De ce que les autorités constituées du département étant convoquées à une assemblée extraordinaire à l'évêché, relativement aux subsistances, et à l'effet de faire accepter dans les Communes (des deux Districts ruraux) les sols additionnels, j'ai déclaré qu'il fallait ôter ces sols additionnels, laisser le libre cours du blé, et délivrer des cartes aux pauvres pour avoir du pain à douze sols.*

Oui, je n'en disconviens pas, j'ai dit, j'ai répété au Département et à l'Evêché, qu'il fallait sans doute prendre les mesures les plus promptes et les plus convenables pour assurer au peuple, et sur-tout à la classe la moins aisée, les subsistances de première nécessité, à un prix très modéré.

Mais j'ai cru devoir observer que si les pains de quatre livres étaient taxés dans Paris à douze sols, indistinctement pour tout le monde, tandis que déjà ils coûtaient quatorze sols aux portes de Paris ; et jusqu'à 15, 16 et 17 sols à une distance plus ou moins grande, il sortirait infailliblement chaque jour une grande quantité de pains ; ce qui pourrait exposer plutôt ou plus tard les habitans de

Paris à en manquer. J'observerai de plus que les voyageurs et les étrangers non domiciliés qui consommaient beaucoup de pain durant leur séjour dans cette cité , ne contribuaient pourtant pas au paiement des sols additionnels destinés à indemniser les boulangers ; et qu'ainsi la mesure des sols additionnels pouvait avoir de grands inconvéniens , à moins qu'elle ne fut décrété généralement pour toute la République. Je crois que l'événement a trop bien justifié mes pressentimens et mes craintes.

16°. Enfin on me reproche *d'avoir demandé la mise en liberté du citoyen Pioret , et de m'être porté caution pour lui.*

Le C Pioret aucien curé à Dijon avait resigné sa cure en 1790. Depuis cette époque, il n'avait exercé aucune fonction sacerdotale. Il était connu dans notre Section pour un bon Citoyen et un bon Patriote : je savais qu'il en remplissait exactement tous les devoirs; qu'il montait sa garde en personne , quoique agé de soixante-sept ans ; qu'il avait obtenu un certificat de civisme ; que ses concitoyens le réclamaient , et que le capitaine de sa compagnie s'était déjà inscrit au sécrétariat du comité de Sureté Générale, pour être sa caution. Je crus en le cautionnant , faire un acte de justice et de bienfaisance.

Je crois avoir détruit toutes les inculpations qui m'ont été faites par mes ennemis. J'aurais bien de l'avantage, si je pouvais me permettre de répondre au rapport du Législateur Dubarran. Mais il a été fait au nom du Comité de Sureté Générale ; et je dois me borner à inviter les Membres qui le composent à lire ma justification. Ils reconnoîtront sûrement combien ils ont été égarés par un rapport dans lequel on leur a présenté que des faits à ma charge ; et alors ils regretteront sans donte d'avoir adopté une mesure qui prolonge mon injuste détention , mes calomniateurs ont été entendus tout à leur aise : je ne l'ai point été : et le rapport a été fait , quoique les scellés soient encore sur tous mes papiers ; quoiqu'on refusent constamment de les lever ; parce qu'on sait bien qu'on y trouvera que des preuves de mon civisme , de mon républicanisme , et de mon invariable attachement à la Révolution.

N. B. Mes persécuteurs ne cessent d'abuser cruellement de tout l'ascendant qu'ils ont depuis quelques mois dans la Section du Bonnet-Rouge. Ils ont incarcé tous les bons Citoyens qui les avaient contredits, ou qui pouvaient leur faire ombrage ; et ils ont tellement égaré ou intimidé tous les autres , qu'ils se sont rendus les arbitres et les maîtres absolus , et de la nouvelle Société Populaire, et du Comité de Surveillance , et des Assemblées générales actuelles de la Section. Malleur à quiconque oserait les contrarier : il serait à l'instant jetté dans les fers. Qu'on juge d'après cela *de cette marche simple et imposante , de ce jugement unanime etc,* dont il est parlé dans le rapport du Législateur Dubarran.

J'observe en finissant que le C. Pijeau de Villiez ancien Notaire à Paris , ex-président

du Comité de Surveillance ou Révolutionnaire de la Section du Bonnet Rouge, est un
des principaux agens du Comité de Sûreté
Générale de la Convention, et l'un de mes
plus acharnés persécuteurs.

Nicoleau.

A PARIS.

De l'Imprimerie de Mayer & Compagnie, rue Saint
Martin, n°. 219, presque vis-à-vis celle Maubuée.